AVENTURES CANADIENNES

Poursuite à Québec

Ian Fraser
HEAD OF MODERN LANGUAGES
UPPER CANADA COLLEGE, TORONTO

Robert Williams
HEAD OF MODERN LANGUAGES
W.A. PORTER COLLEGIATE, SCARBOROUGH

NTC National Textbook Company
a division of *NTC Publishing Group* • Lincolnwood, Illinois USA

EDITING:
Jacquie Donat/Christine Anderson

DESIGN:
Hugh Michaelson

ILLUSTRATION:
Tina Holdcroft

COVER ILLUSTRATION:
Wolfgang Scherer

1993 Printing

This edition first published in 1987 by National Textbook Company,
a division of NTC Publishing Group,
4255 West Touhy Avenue, Lincolnwood (Chicago), Illinois 60646-1975 U.S.A.

Manufactured in the United States of America.

2 3 4 5 6 7 8 9 ML 9 8 7 6 5 4

Preface

Les Aventures canadiennes is an exciting new series of mystery–adventure readers set in one of the world's major French-speaking countries, Canada. These action-packed stories provide fascinating reading for students who are making their first serious efforts to read in French. Each story has been carefully tailored to the needs of students without any sacrifice of suspense or realism. Written in dialogue form, the language in the series stresses clarity and simplicity, while at the same time conveying the excitement of the plot. Numerous vocabulary notes in the margins help students to read comfortably in their new language. These notes explain meanings in context and help to minimize the frequent "looking up" of words that can distract and discourage students. At the back of the book, comprehension and discussion questions, as well as grammar practice, promote the overall development of students' French-language skills.

In *Poursuite à Québec,* Brad and Jennifer have just arrived with the rest of their class on a four-day school trip to Quebec City. As they are enjoying lunch on picturesque *rue du Trésor,* the two young people see a fine painting stolen from one of the many sidewalk art displays on the street. After alerting the artist, Jennifer and Brad decide to help him track the thief down. In the course of the chase, they *and* we visit many of the historic sites of Old Quebec. In the end, the pursuit turns their Quebec holiday into an unforgettable adventure.

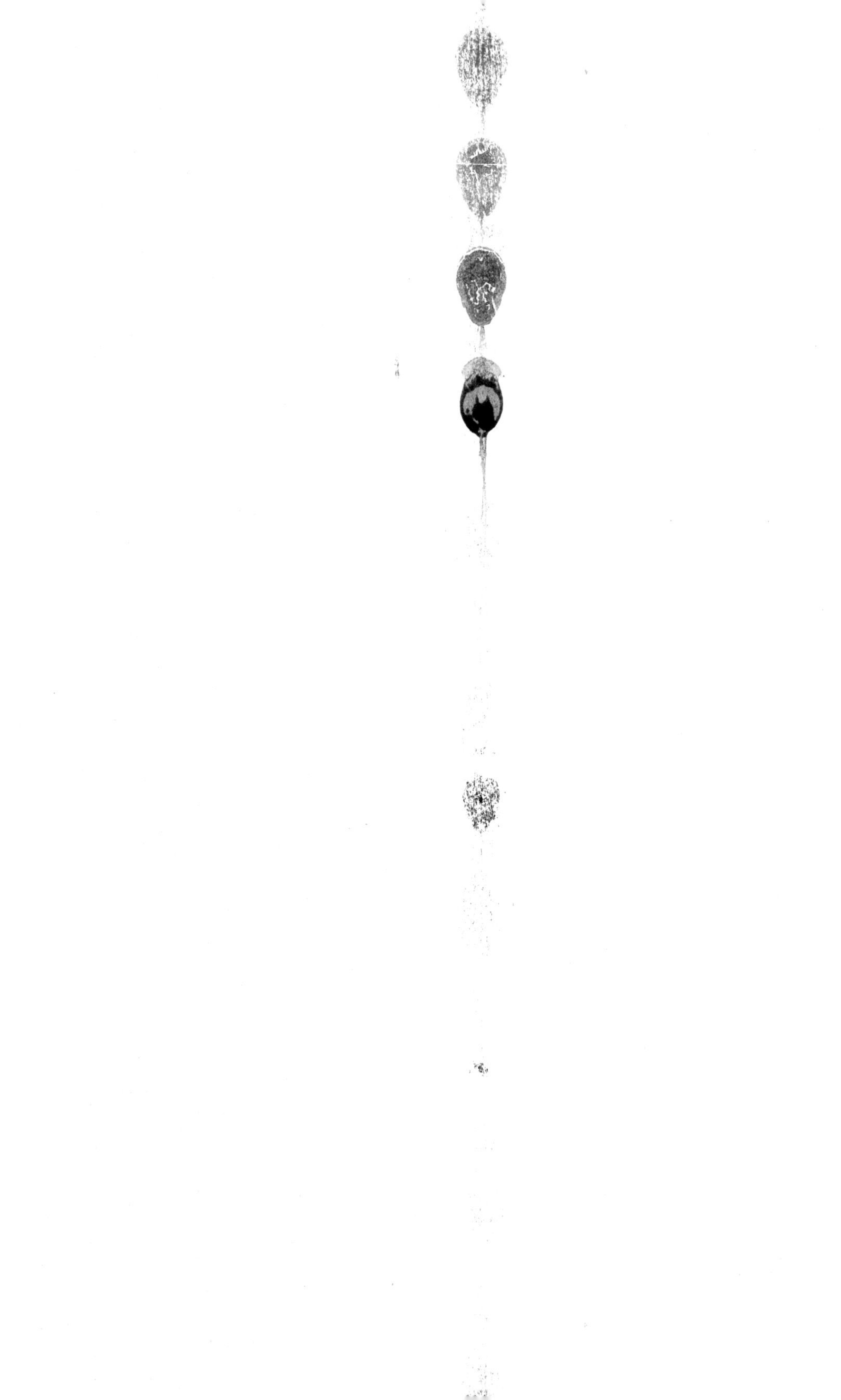

Table des matières

Introduction

porte cochère
carriage entrance

se dirige vers
heads towards

principale
main

C'est le mois de mai. L'autocar s'arrête à la Place d'Armes devant le Château Frontenac. La porte cochère de l'hôtel est trop basse pour laisser passer l'autocar. Tout le monde descend, alors, prend sa valise et se dirige vers l'entrée principale dans la grande cour de l'hôtel.

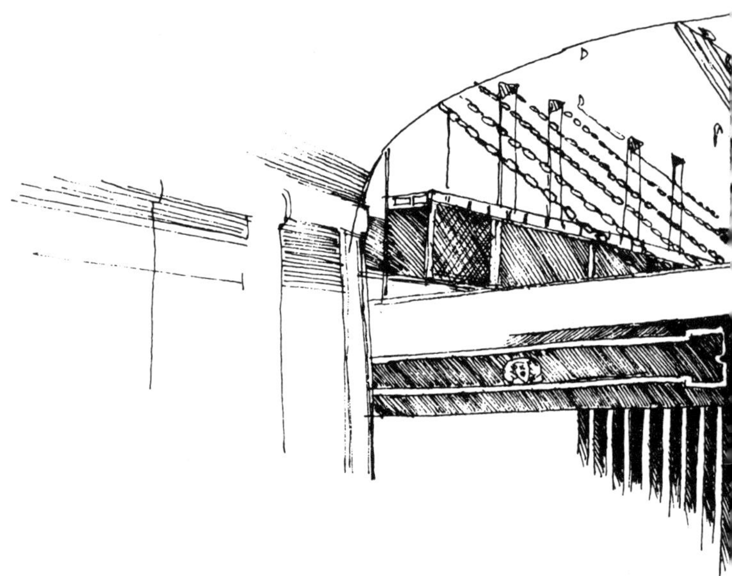

remparts
city walls

donne sur
overlooks

épuisés
exhausted

Brad et Jennifer sont tous les deux très contents d'être enfin à Québec, la capitale de la province du Québec et la seule ville fortifiée en Amérique du Nord. Leur professeur, M. Boyer, a organisé ce voyage pour la classe et tout le monde attend ce moment depuis quelques mois. Ils vont passer quatre jours au Château Frontenac, un grand hôtel qui se trouve à l'intérieur des remparts et qui donne sur le fleuve Saint-Laurent. Cet hôtel offre aussi un panorama splendide sur Lévis, petite ville de l'autre côté du fleuve.

Après la distribution des clefs, les étudiants montent à leurs chambres et se couchent assez tôt car ils sont épuisés après leur long voyage en autocar.

1/*Un grand hôtel*

Le lendemain matin, après le déjeuner, le groupe se réunit avec M. Boyer.*

se réunit
meets

M. BOYER	Tout le monde s'est bien reposé?
TOUS	Oui, monsieur!
M. BOYER	Tout le monde aime sa chambre?
TOUS	Oui, monsieur!
SANDRA	Combien de chambres y a-t-il en total?
M. BOYER	660 maintenant, mais seulement 170 quand on a bâti l'hôtel en 1893.
GARY	Et on l'a bâti sur l'ancien site du Fort St-Louis.
M. BOYER	Bravo! Tu as bien appris tes leçons. Le Château Frontenac a connu beaucoup de changements depuis son inauguration.

* Au Canada français le premier repas de la journée c'est le déjeuner. À midi on prend le dîner. Le soir on prend le souper.

BRAD	Oui. C'est vrai. Et maintenant, parlons d'aujourd'hui.
JENNIFER	Où allons-nous ce matin?
M. BOYER	Je propose un tour à pied le long de la Terrasse Dufferin jusqu'à la Citadelle.
JENNIFER	Fantastique! Nous allons donc voir les Plaines d'Abraham.
M. BOYER	C'est ça, et ensuite nous allons visiter l'Assemblée Nationale.
BRAD	Et nous sommes libres cet après-midi?
M. BOYER	Oui. Après la visite de l'Assemblée nous allons prendre la rue St-Louis jusqu'à la Place d'Armes. Vous pouvez aller dîner vers 12 h 30. Tout le monde est prêt? En route!

2/L'aventure commence

Après le tour à pied tout le monde est libre pour le dîner. Brad et Jennifer décident d'aller au café-terrasse «La Nouvelle-France» dans la rue du Trésor. C'est la rue des artistes et elle est pleine de piétons qui admirent les peintures et les dessins. Brad et Jennifer invitent Sandra et Gary à les accompagner, et pendant leur repas les quatre amis discutent de la possibilité d'acheter un dessin comme souvenir de leur visite à Québec.

dessins
drawings

Tout d'un coup, Jennifer remarque quelque chose de bizarre dans la rue du Trésor.

vient de
has just

JENNIFER Brad! Ce type en bleu là-bas vient de voler une peinture!

BRAD Qui? Le grand aux cheveux noirs?

JENNIFER Oui, c'est lui. Qu'est-ce qu'on fait?

BRAD Allons vite prévenir l'artiste!

(Ils sortent en courant du café-terrasse pour rejoindre l'artiste et ils interrompent sa conversation avec un client.)

sortent en courant
run out

BRAD Monsieur! Quelqu'un a volé une de vos peintures et nous savons où il est.

ARTISTE	Un voleur? Comment?
BRAD	Venez avec moi. Mes amis peuvent surveiller les autres peintures.
ARTISTE	D'accord. Merci. Allons-y. Où est-il?
BRAD	Vous voyez le type là-bas qui marche vers la Place d'Armes?
ARTISTE	(*Il hésite un peu.*) Ah, oui. Tiens, tu as raison!* Il a une de mes peintures sous le bras. (*Il crie.*) Hep! Arrête!

Le voleur commence à marcher plus vite et quand il voit que Brad et l'artiste le poursuivent, il se met à courir. Brad et l'artiste lui courent après mais avec difficulté parce que la Place d'Armes est pleine d'autocars, de calèches, de voitures et de touristes.

BRAD	Je l'ai perdu de vue. Tu le retrouves?
ARTISTE	Il est allé par là. Suis-moi.
BRAD	Tiens, il est entré dans la cour du Château Frontenac.
ARTISTE	Vite! On va le perdre.

* Remarquez la transition entre «vous» et «tu».

poursuivent
pursue, chase

se met
begins

courir
to run

calèches
horse-drawn carriages

suis-moi
follow me

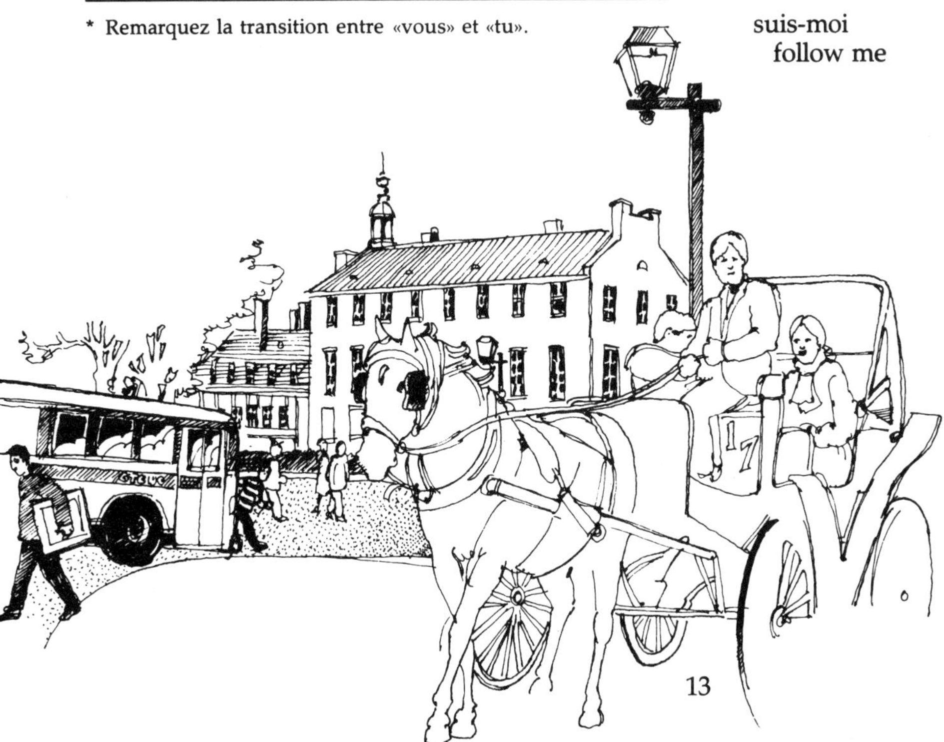

3/La poursuite

Deux énormes autocars passent devant Brad et l'artiste qui doivent attendre quelques précieuses secondes. Enfin, ils arrivent devant la porte cochère de l'hôtel et l'artiste crie au portier qui est un peu plus loin près de la porte d'entrée.

portier
doorman

ARTISTE	Monsieur, s'il vous plaît! Le grand type en bleu! Il apporte une peinture sous le bras. Vous l'avez vu?
PORTIER	Je crois que oui.
ARTISTE	S'est-il dirigé vers le parc ou est-il entré dans l'hôtel?
PORTIER	Il y est entré il y a quelques secondes.

BRAD — Zut! Merci, monsieur. (*à l'artiste*) Vite! (*Ils entrent dans le grand hall du Château Frontenac et regardent à droite et à gauche. Personne en bleu!*)

ARTISTE — Il a disparu, mon ami. Je ne pense pas qu'il loge à l'hôtel, alors . . .

BRAD — Il est peut-être descendu dans le village canadien* au sous-sol. Il y a une sortie en bas à la Terrasse Dufferin.

ARTISTE — Tu as raison. C'est près de la cafétéria. Allons-y. (*Ils descendent à toute vitesse, jettent un coup d'oeil rapide dans les boutiques et arrivent à la sortie.*)

BRAD — Il est probablement sorti.

ARTISTE — Oui. Sortons. Tu vas à gauche. Moi, je vais à droite.

BRAD — D'accord. Bonne chance!

à toute vitesse
at full speed

jettent un coup d'oeil rapide
glance quickly

* Le village canadien est un ensemble de boutiques et de restaurants au sous-sol du Château Frontenac.

4/Trop tard!

revient sur ses pas
retraces his steps

se penchent par la balustrade
lean over the railing

recherché
sought-after

quand même
anyway

basse-ville
lower town

Lorsque Brad passe près du Monument Champlain, il entend le départ du funiculaire. Tout d'un coup, il comprend, revient sur ses pas et appelle l'artiste qui lui aussi revient. Ils se penchent par la balustrade de la Terrasse Dufferin. Le funiculaire arrive en bas et parmi les gens qui sortent, Brad et l'artiste distinguent le veston bleu tant recherché. Le voleur descend très lentement la rue, la peinture sous le bras.

BRAD Qu'est-ce qu'on fait?

ARTISTE Il est un peu loin mais essayons de le rattraper quand même.

BRAD On prend le funiculaire?

ARTISTE Il y a un escalier mais le funiculaire est plus rapide.
(*Deux minutes plus tard, ils arrivent dans la basse-ville, sortent rapidement de l'ascenseur et essaient de décider où aller.*)

ARTISTE	Va tout droit jusqu'à l'église et jette un coup d'oeil autour de la Place Royale. Moi, je prends la rue Petit Champlain.	tout droit straight ahead
BRAD	Où est-ce qu'on se retrouve?	
ARTISTE	Attends-moi devant l'église.	
	(*Dix minutes plus tard, l'artiste, essoufflé, s'approche de Brad.*)	essoufflé out of breath

BRAD	Je ne l'ai pas vu. Et toi?	
ARTISTE	Oui, il a pris le traversier pour Lévis. Je suis arrivé un peu trop tard.	traversier ferry
BRAD	Tant pis. Mais nous avons au moins essayé.	
ARTISTE	Eh bien, remontons à la rue du Trésor. Tes amis doivent être inquiets.	inquiets worried

5/*La rue du Trésor*

déçus
disappointed

Brad et l'artiste, déçus et fatigués, retournent à la rue du Trésor. Les autres les attendent avec beaucoup d'impatience.

JENNIFER	Et alors? Vous l'avez perdu?
BRAD	Oui, malheureusement.
ARTISTE	Nous l'avons poursuivi jusque dans le Château Frontenac mais là il nous a échappé.
BRAD	Et il a pris le funiculaire jusqu'à la basse-ville.
SANDRA	C'est vraiment dommage. Mais nous avons de bonnes nouvelles.
ARTISTE	Mais, comment, de bonnes nouvelles . . . ?

JENNIFER	Pendant votre absence, un couple de Trois-Rivières a voulu acheter deux petits dessins . . .	
GARY	Et puisque les prix ne sont pas marqués, nous avons demandé 40 $ pour les deux.	
SANDRA	C'est ce qu'ils nous ont donné. Nous espérons que c'est suffisant.	
ARTISTE	40 $! D'habitude je demande 25 $ pour deux. Alors, c'est fantastique. Mais la peinture volée vaut presque 100 $.	vaut is worth
BRAD	Nous restons encore trois jours à Québec. Si par hasard nous voyons le type nous pouvons venir te le dire.	
ARTISTE	Très bien. Je suis ici tous les jours et je m'appelle François Boudreau. Le soir vous pouvez me téléphoner au 626-8189.	
BRAD	D'accord, François. À demain, peut-être.	
FRANÇOIS	Au revoir, Brad. Et merci à vous tous.	

6/*Au Gaulois*

Les quatre amis se dirigent vers la Place d'Armes quand Gary regarde sa montre et annonce qu'ils sont en retard pour la réunion qui a lieu tous les soirs avant le souper. Ils commencent à courir vers le Château Frontenac quand ils voient tout le groupe qui passe par la porte cochère.

a lieu
takes place

BRAD	M. Boyer, M. Boyer! Nous voici.
JENNIFER	Excusez-nous, s'il vous plaît. Nous pouvons tout expliquer.
M. BOYER	(*fâché*) Je l'espère bien, mes amis. Nous vous avons attendus.
GARY	Nous avons aidé un artiste dans la rue du Trésor.
SANDRA	Quelqu'un a volé une de ses peintures . . .
JENNIFER	Et Brad et l'artiste l'ont poursuivi, mais en vain.

fâché
angry

M. BOYER (*moins fâché*) Quelle aventure! Racontez-nous tous les détails au restaurant. Heureusement que vous nous avez retrouvés. Ce n'est pas grave car notre réservation au restaurant « Le Gaulois » est pour 18 h. Nous allons arriver avec seulement cinq minutes de retard.

Plus tard, dans le restaurant, les quatre amis sont assis ensemble. Le garçon arrive et prend la commande.

JENNIFER Moi, je prends un peu de tourtière avec des fèves au lard, s'il vous plaît.

SANDRA La même chose, s'il vous plaît.

GARY Moi aussi, et comme dessert, la tarte au sucre.

BRAD Et moi, je prends une soupe à l'oignon, un coq au vin et une salade verte.

JENNIFER Tu as faim après ta poursuite du voleur, alors?

BRAD Oui. Une faim de loup!

tourtière
meat pie

fèves au lard
pork and beans

tarte au sucre
sugar pie

coq au vin
chicken with wine sauce

faim de loup
hungry as a bear

loup wolf

SPÉCIAL
MAIS
de la
SOUPE AUX
TOURTIÈRE
ÉBÉCOISE
POULET B-B-
GARNI
FRITES - SALADE DE CHOU
PETIT PAIN - SAUCE

Le Vieux Québec

Légende

1. café-terrasse « La Nouvelle-France »
2. Château Frontenac
3. église Notre-Dame des Victoires
4. entrée principale du Château Frontenac
5. escalier Casse-cou
6. funiculaire
7. Monument Champlain
8. Place d'Armes
9. Place Royale
10. restaurant « Le Gaulois »
11. sortie (la « petite porte » près de la cafétéria)
12. traversier
13. vers l'Assemblée Nationale
14. vers la Citadelle

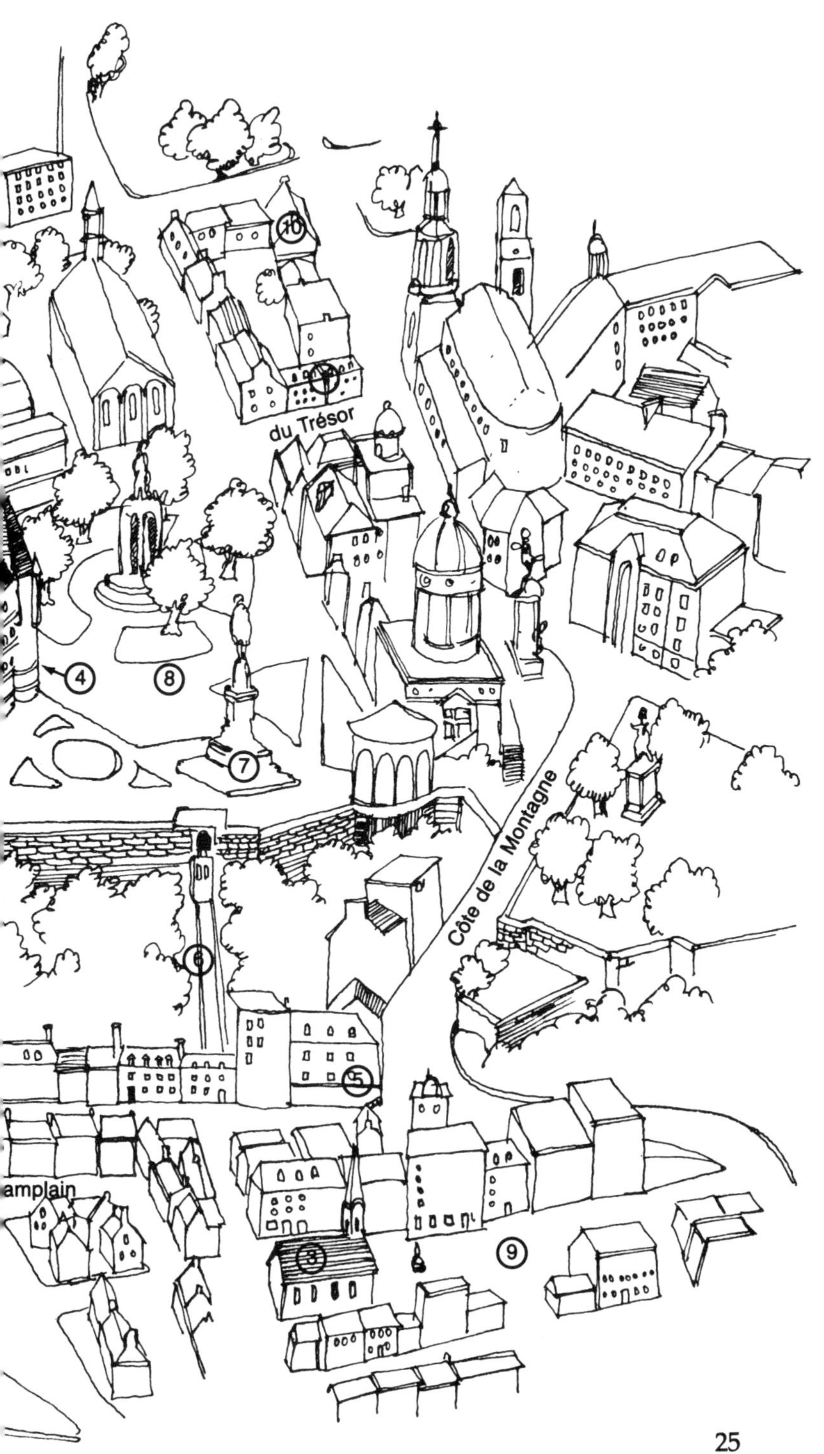

du Trésor
10
4
8
7
Côte de la Montagne
6
5
amplain
3
9

7/Quelle surprise!

Le lendemain matin, les étudiants suivent une visite guidée de la basse-ville avec M. Boyer. Après le dîner tout le groupe monte dans le bateau M/V Louis Jolliet et fait une excursion jusqu'à l'Île d'Orléans. Ils sont de retour dans la basse-ville vers 15 h et ils ont congé pour l'après-midi. Puisqu'il fait très beau, les quatre amis décident de prendre le traversier jusqu'à Lévis.

ont congé
have time off

Une heure plus tard, en arrivant de nouveau à Québec, Brad voit le voleur qui débarque aussi et qui se dirige vers le funiculaire.

de nouveau
once again

BRAD Regardez! Le type au veston bleu. Il est là-bas.

GARY Il a quelque chose sous le bras.

BRAD C'est un paquet . . .

JENNIFER Peut-être que c'est la peinture!

BRAD Je crois que tu as raison. C'est de la même grandeur.

grandeur
size

GARY Qu'est-ce qu'on fait?

SANDRA Continuons à le suivre.

BRAD (*à Gary et à Sandra*) D'accord. Prenez le funiculaire. On se retrouve en haut. Allez, vite.
(*à Jennifer*) Viens avec moi. Il prend l'escalier Casse-cou.
(*Ils le suivent*.)

Quand il arrive en haut, le voleur suit la Terrasse Dufferin jusqu'à la petite porte du Château Frontenac. Il entre et monte au rez-de-chaussée.

rez-de-chaussée
ground floor

8/*Au Château*

discrètement
discreetly

patronne
owner

Les quatre amis suivent le voleur discrètement et l'observent dans la Galerie d'Art de l'hôtel. Il ouvre le paquet et montre à la patronne la peinture volée. Quelques minutes plus tard, il sort sans le paquet. Gary et Sandra le suivent. Brad et Jennifer entrent dans la boutique.

vient de
has just

vendre
to sell

BRAD	Bonjour, madame.
PATRONNE	Bonjour. Puis-je vous aider?
BRAD	Connaissez-vous bien le monsieur qui vient de partir?
PATRONNE	Pas très bien. C'est la première fois qu'il vient ici. C'est un jeune artiste. Il a laissé cette belle peinture avec moi. Je vais essayer de la vendre pour lui.
JENNIFER	Comment s'appelle-t-il, madame?
PATRONNE	Jean-Marc Bouchard. Voilà, il m'a donné son adresse à Lévis et son numéro de téléphone.

JENNIFER	Vous pensez que cette peinture est vraiment bonne?	
PATRONNE	Bien sûr. D'habitude je n'accepte pas de peintures des artistes locaux mais je trouve que ce jeune homme a beaucoup de talent.	locaux local
BRAD	C'est vrai, madame. Il a beaucoup de talent, mais pas pour la peinture, pour le vol.	
PATRONNE	Le vol? Comment? Que voulez-vous dire?	
BRAD	Cette peinture appartient à notre ami, François Boudreau. M. Bouchard l'a volée hier. Nous l'avons vu.	appartient belongs
JENNIFER	Et tout à fait par hasard, on l'a revu aujourd'hui et on l'a suivi jusqu'ici.	tout à fait entirely
PATRONNE	Vous êtes de bons détectives. Alors, qu'est-ce qu'on va faire?	
BRAD	Nous allons tout de suite trouver François dans la rue du Trésor. Il va être content de savoir que nous avons retrouvé sa peinture et que vous aimez son travail.	
PATRONNE	Très bien. Je garde la peinture. Dites-lui de m'en apporter d'autres à l'avenir.	
BRAD	D'accord. Merci, madame.	
PATRONNE	Au revoir.	

9/*Allons vite!*

Brad et Jennifer sortent de la galerie et voient Sandra qui arrive en courant.

en courant
running

BRAD	Qu'est-ce qui se passe?
JENNIFER	Où est Gary?
SANDRA	Il est en bas. Le voleur est entré dans la cafétéria pour manger et Gary le guette.
BRAD	Très bien. Maintenant, nous devons aller chercher de l'aide.
JENNIFER	Et François, aussi. Il va être content.
BRAD	Oui. Allez toutes les deux à la rue du Trésor le chercher.
SANDRA	Et toi, qu'est-ce que tu vas faire?
BRAD	Moi, je vais à la réception de l'hôtel chercher le chef de sécurité. Allez, vite! Nous n'avons pas de temps à perdre. Cette fois-ci, il ne va pas nous échapper.

guette
is keeping an eye on

réception
reception desk

Trois minutes plus tard, Jennifer et Sandra trouvent François qui vient de ranger ses tableaux, sa journée de travail terminée.

JENNIFER François! Viens vite!
FRANÇOIS Qu'est-ce qui se passe?
SANDRA Nous avons retrouvé ta peinture.
FRANÇOIS Fantastique! Où est-elle?
JENNIFER Elle est dans la Galerie d'Art du Château Frontenac.
FRANÇOIS Où sont Gary et Brad?
SANDRA Viens vite, François! Nous allons tout expliquer en route.

10/*Une bonne nouvelle*

Quand ils arrivent au Château Frontenac Brad et Gary les attendent dans l'entrée.

FRANÇOIS Alors, le voleur, il est parti?

BRAD (*Il sourit.*) Oui, mais pas tout seul.

FRANÇOIS Comment? Qu'est-ce que tu veux dire?

BRAD Il est dans le bureau du chef de sécurité de l'hôtel. La police arrive bientôt.

FRANÇOIS Et ma peinture?

JENNIFER Allons à la Galerie d'Art. Nous avons déjà expliqué à la patronne que c'est toi l'artiste.

SANDRA Et elle veut que tu lui apportes encore des peintures.

JENNIFER Car elle trouve que tu as beaucoup de talent.

François se présente à la patronne de la Galerie d'Art et puis il rejoint les quatre « détectives ». Tous ensemble ils retournent à la rue du Trésor.

FRANÇOIS Vous êtes incroyables! Tout va tellement bien pour moi maintenant. Puis-je vous offrir quelque chose? Tenez. Choisissez un dessin chacun.

JENNIFER C'est très gentil, François. Quel beau cadeau.

BRAD La ville de Québec est pleine de surprises. Et il nous reste encore un jour!

Exercices/*Introduction*

A. *Répondez par une phrase complète:*

1. Pourquoi l'autocar s'arrête-t-il à la Place d'Armes?
2. Où se trouve le Château Frontenac à Québec?
3. Que font les étudiants après la distribution des clefs? Pourquoi?

B. *Vrai ou faux?*

1. C'est le mois de mars.
2. La cour de l'hôtel est grande.
3. Il y a cinq villes fortifiées au Canada.
4. Les étudiants attendent ce voyage depuis un an.
5. La petite ville de l'autre côté du fleuve s'appelle Lévis.

C. *Trouvez les mots qui manquent:*

1. La ______ cochère du Château Frontenac est basse.
2. Ils se dirigent vers l'______ principale.
3. Québec est une ______ fortifiée.
4. Le Château Frontenac offre un ______ splendide sur Lévis.

D. *Trouvez le synonyme des mots soulignés:*

1. Ils prennent leurs bagages.
2. M. Boyer a organisé cette excursion.
3. L'hôtel offre une vue splendide sur Lévis.
4. Ils sont fatigués.

E. *Soyons logiques: Quel est le bon ordre des phrases?*

1. Les étudiants se couchent tôt.
2. M. Boyer distribue les clefs.
3. Tout le monde descend.
4. L'autocar s'arrête.
5. M. Boyer a organisé ce voyage.

F. *Discutons, s.v.p.!*

1. Un voyage en autocar est plus agréable qu'un voyage en avion.

G. *Pot-pourri:*

1. Avez-vous jamais voyagé avec un groupe d'étudiants? Où êtes-vous allé? Qu'est-ce que vous avez vu?

1/*Un grand hôtel*

A. *Répondez par une phrase complète:*

1. Où a-t-on bâti le Château Frontenac?
2. Décrivez la matinée des étudiants.
3. Comment s'appelle le parlement du Québec?

B. *Vrai ou faux?*

1. Les étudiants sont fatigués.
2. Le Château Frontenac a connu beaucoup de changements.
3. Il y a 600 chambres maintenant.
4. Les étudiants vont se promener le long de la Terrasse Dufferin.
5. Le tour va finir à la Place Royale.

C. *Trouvez les mots qui manquent:*

1. Les étudiants prennent leur ______ avant de rencontrer M. Boyer.
2. Ils vont voir les ______ d'Abraham.
3. Tout le monde est prêt? En ______!

D. *Trouvez l'infinitif qui correspond à chaque nom:*

1. la visite
2. un bâtiment
3. une réunion
4. une proposition
5. la vue

E. *Soyons logiques: Quel est le bon ordre des mots?*

1. reposé / bien / le monde / s'est / tout
2. à / un tour / je / pied / propose
3. aller / vers / vous / 12 h 30 / dîner / pouvez

F. *Discutons, s.v.p.!*

1. Le déjeuner est le repas le plus important de la journée.
2. Les préparatifs pour une excursion sont aussi importants que l'excursion elle-même.

G. *Pot-pourri:*

1. Qu'est-ce qui s'est passé sur les Plaines d'Abraham en 1759? Quelles influences cet événement a-t-il eues sur l'histoire du Canada?

2/*L'aventure commence*

A. *Répondez par une phrase complète:*
1. Qu'est-ce qu'on voit dans la rue du Trésor?
2. Qu'est-ce que le type en bleu a fait?
3. Pourquoi les amis interrompent-ils la conversation de l'artiste?
4. Par où est-ce que le voleur est allé?

B. *Vrai ou faux?*
1. Brad et Jennifer dînent avec M. Boyer.
2. Jennifer remarque un voleur.
3. Le voleur porte un veston noir.
4. Brad et l'artiste poursuivent le voleur.

C. *Trouvez les mots qui manquent:*
1. « La Nouvelle-France » est un café-______.
2. Ils admirent les peintures et les ______.
3. Le type a les ______ noirs.
4. Le voleur a une ______ sous le bras.

D. *Trouvez le contraire des mots soulignés:*
1. Tout le monde est occupé.
2. Ils veulent vendre un dessin.
3. Tu as tort.
4. Il est sorti de la cour.

E. *Soyons logiques: Quel est le bon ordre des phrases?*
1. Jennifer remarque un voleur.
2. Le voleur entre dans la cour de l'hôtel.
3. Ils parlent à l'artiste.
4. Ils dînent à « La Nouvelle-France ».
5. Brad et l'artiste courent vers la Place d'Armes.

F. *Discutons, s.v.p.!*
1. Un dessin est meilleur qu'une photo comme souvenir.

G. *Pot-pourri:*
1. Décrivez les illustrations aux pages 12 et 13.
2. Qu'est-ce que vous achetez comme souvenir quand vous voyagez?

A. *Répondez par une phrase complète:*

1. Pourquoi Brad et l'artiste doivent-ils attendre quelques secondes?
2. Où est-ce que le voleur est allé?
3. Pourquoi est-ce que Brad et l'artiste sont descendus au sous-sol?

B. *Vrai ou faux?*

1. Cinq autocars passent devant Brad et l'artiste.
2. Un portier travaille dans la cour de l'hôtel.
3. Le voleur s'est dirigé vers le parc.
4. Ils ne voient personne en bleu dans l'hôtel.
5. Le village acadien est au sous-sol.

C. *Trouvez les mots qui manquent:*

1. Le voleur porte une peinture sous le ______.
2. L'artiste crie au ______ de l'hôtel.
3. Brad et l'artiste entrent dans le grand ______.
4. La sortie est près de la ______ au sous-sol.
5. Ils jettent un ______ d'______ dans les boutiques.

D. *Trouvez le contraire des mots soulignés:*

1. Est-il <u>sorti</u>?
2. Il est <u>monté</u> dans le village canadien.
3. Ils descendent <u>lentement</u>.
4. Tu vas à <u>droite</u>.

E. *Soyons logiques: Quel est le bon ordre des mots?*

1. le parc / s'est-il / vers / dirigé
2. il / je / à l'hôtel / ne pense pas / qu' / loge
3. la Terrasse / en bas / une / il y a / sortie / à

F. *Discutons, s.v.p.!*

1. Un portier sait beaucoup de choses sur les clients d'un hôtel.
2. Les parcs sont très importants dans une grande ville.

G. *Pot-pourri:*

1. Quels problèmes est-ce que Brad et l'artiste rencontrent?

4/*Trop tard!*

A. *Répondez par une phrase complète:*

1. Où est-ce que Brad et l'artiste voient le voleur?
2. Pourquoi Brad et l'artiste ne prennent-ils pas l'escalier?

B. *Vrai ou faux?*

1. Brad et l'artiste se penchent par la fenêtre.
2. Le voleur sort du funiculaire.
3. Brad attend l'artiste devant le funiculaire.
4. Brad va tout droit.
5. Brad est essoufflé.

C. *Trouvez les mots qui manquent:*

1. Brad entend le ______ du funiculaire.
2. Le voleur porte un ______ bleu.
3. Brad va tout ______ jusqu'à l'église.
4. Le voleur a pris le ______ pour Lévis.
5. Les amis de Brad sont probablement ______.

D. *Écrivez la bonne préposition:*

1. Brad passe ______ ______ monument.
2. Le type porte une peinture ______ le bras.
3. Ils arrivent ______ la basse-ville.
4. Attends-moi ______ l'église.
5. Remontons ______ la rue du Trésor.

E. *Soyons logiques: Quel est le bon ordre des phrases?*

1. Il appelle l'artiste qui revient.
2. Brad entend le départ du funiculaire.
3. L'artiste rencontre Brad devant l'église.
4. Le voleur prend le traversier.
5. Ils prennent le funiculaire.

F. *Discutons, s.v.p.!*

1. On doit toujours faire un effort.
2. On prend un ascenseur seulement si on est paresseux.

G. *Pot-pourri:*

1. Avec l'aide du plan de la ville aux pages 24 et 25, tracez la route de Brad et de l'artiste. Commencez à la rue du Trésor.

5/*La rue du Trésor*

A. *Répondez par une phrase complète:*

1. Qu'est-ce que Brad et l'artiste racontent aux trois amis?
2. Qu'est-ce qui est arrivé aux trois amis pendant l'absence de l'artiste?
3. Comment s'appelle l'artiste? Où se trouve-t-il le soir?

B. *Vrai ou faux?*

1. De retour à la rue du Trésor, Brad et l'artiste sont heureux.
2. Le voleur a pris le funiculaire pour descendre.
3. Les trois amis ont de mauvaises nouvelles.
4. Les prix sont marqués sur les dessins.
5. Les quatre amis restent encore trois jours à Québec.

C. *Trouvez les mots qui manquent:*

1. Les trois amis attendent avec ______.
2. Un ______ de Trois-Rivières a voulu acheter deux dessins.
3. D'______, l'artiste demande 25 $ pour deux.
4. On peut ______ à l'artiste au 626-8189.
5. D'______, François. À ______, peut-être.

D. *Trouvez l'infinitif qui correspond à chaque nom:*

1. le retour
2. une attente
3. la poursuite
4. un achat
5. le téléphone

E. *Soyons logiques: Quel est le bon ordre des mots?*

1. la basse-ville / le funiculaire / a pris / et / il / jusqu'à
2. les deux / 40 $ / pour / nous / demandé / avons
3. 100 $ / volée / presque / la peinture / mais / vaut

F. *Discutons, s.v.p.!*

1. Deux dessins pour 25 $, c'est cher.

G. *Pot-pourri:*

1. Avez-vous du talent artistique? Expliquez.
2. Pourquoi beaucoup de touristes vont-ils à la ville de Québec?

6/*Au Gaulois*

A. *Répondez par une phrase complète:*

1. Pourquoi les quatre amis courent-ils?
2. Où est-ce que le groupe va souper? À quelle heure?
3. Pourquoi Brad a-t-il très faim?

B. *Vrai ou faux?*

1. Les étudiants ont une réunion tous les soirs.
2. M. Boyer est fâché.
3. Les quatre amis peuvent expliquer leur retard.
4. Ils arrivent au «Gaulois» avec quinze minutes de retard.
5. Gary prend une soupe à l'oignon.

C. *Trouvez les mots qui manquent:*

1. Les quatre amis sont en ______ pour la ______.
2. Ils voient tout le ______ près de l'hôtel.
3. M. Boyer a fait une ______ au restaurant.
4. Le garçon prend la ______.
5. Brad a une faim de ______.

D. *Trouvez le contraire des mots soulignés:*

1. Ils sont <u>en avance</u>.
2. Ce n'est pas <u>amusant</u>.
3. Ils sont <u>debout</u> ensemble.
4. <u>La serveuse</u> arrive à la table.

E. *Soyons logiques: Quel est le bon ordre des mots?*

1. artiste / avons / un / nous / aidé
2. que / heureusement / nous / vous / retrouvés / avez
3. prends / à l'oignon / soupe / je / une

F. *Discutons, s.v.p.!*

1. On doit toujours arriver à l'heure.
2. Je n'aime pas manger en groupe.

G. *Pot-pourri:*

1. Nommez quelques spécialités québécoises.
2. Quel est le meilleur restaurant de votre ville? Pourquoi?
3. Qu'est-ce que vous préférez comme dessert?

7/*Quelle surprise!*

A. *Répondez par une phrase complète:*

1. Pourquoi les quatre amis prennent-ils le traversier?
2. Qui débarque à Québec en même temps que les amis? Où va-t-il?

B. *Vrai ou faux?*

1. Ils sont libres à 15 h.
2. Il fait très mauvais.
3. Le paquet est de la même grandeur que la peinture.
4. Brad et Jennifer prennent le funiculaire.
5. Le voleur entre par la porte cochère du Château Frontenac.

C. *Trouvez les mots qui manquent:*

1. Le groupe suit une visite ______.
2. Ils sont de ______ vers 15 h 30.
3. Le voleur se ______ vers le ______.
4. Le paquet est de la même ______.
5. Il prend l'______ Casse-cou.

D. *Trouvez le nom qui correspond à chaque infinitif:*

1. traverser
2. voler
3. retourner
4. visiter
5. peindre

E. *Soyons logiques: Quel est le bon ordre des phrases?*

1. Ils le suivent.
2. Ils font une excursion jusqu'à l'Île d'Orléans.
3. Ils prennent le traversier jusqu'à Lévis.
4. Le groupe visite la basse-ville.
5. Brad voit le voleur.

F. *Discutons, s.v.p.!*

1. Je n'aime pas les visites guidées.
2. La vie est pleine de coïncidences.

G. *Pot-pourri:*

1. Où se trouve l'Île d'Orléans?

8/*Au Château*

A. *Répondez par une phrase complète:*

1. Que fait le voleur dans la Galerie d'Art?
2. Qu'est-ce que la patronne va faire de la peinture?
3. Selon Brad, est-ce que le voleur a du talent? Expliquez.
4. Pourquoi François va-t-il être content?

B. *Vrai ou faux?*

1. Les quatre amis ne sont pas discrets.
2. Le paquet contient la peinture volée.
3. La patronne connaît très bien Jean-Marc Bouchard.
4. Jean-Marc Bouchard habite à Québec.
5. La patronne pense que l'artiste a du talent.

C. *Trouvez les mots qui manquent:*

1. Ils entrent dans la ______ d'______ du Château Frontenac.
2. ______-je vous aider?
3. Elle a son ______ de téléphone.
4. Vous êtes de bons ______.
5. Très bien. Je ______ la peinture.

D. *Trouvez le synonyme des mots soulignés:*

1. Les quatre copains suivent le voleur.
2. Ils le voient dans la Galerie d'Art.
3. Quel est son nom?
4. Il l'a trouvé complètement par hasard.
5. Il va être heureux.

E. *Soyons logiques: Quel est le bon ordre des mots?*

1. la peinture / le paquet / il / et / volée / ouvre / montre
2. ici / qu'il / la première / c'est / vient / fois
3. beaucoup de / a / je trouve / que / talent / jeune homme / ce

F. *Discutons, s.v.p.!*

1. J'aime visiter les galeries d'art et les musées.
2. Le talent n'est pas nécessaire dans l'art moderne.

G. *Pot-pourri:*

1. Quel(le) est votre artiste préféré(e)? Expliquez votre choix.
2. Préférez-vous aller au cinéma ou visiter un musée? Pourquoi?

9/*Allons vite!*

A. *Répondez par une phrase complète:*

1. Pourquoi Gary est-il en bas?
2. Qui va chercher François?
3. Pourquoi François dit-il: « Fantastique! » ?

B. *Vrai ou faux?*

1. Sandra arrive en courant.
2. Gary guette le voleur en bas.
3. Brad va chercher François.
4. Jennifer va à la réception de l'hôtel.
5. François est très content.

C. *Trouvez les mots qui manquent:*

1. Le voleur est entré dans la ______.
2. Nous devons chercher de l'______.
3. Moi, je vais à la ______.
4. Nous n'avons pas de ______ à perdre.
5. Nous allons tout ______ en route.

D. *Trouvez le contraire des mots soulignés:*

1. Il est <u>en haut</u>.
2. Le voleur est <u>parti de</u> la cafétéria.
3. Il est très <u>triste</u>.
4. Ils ont <u>perdu</u> la peinture.
5. <u>Lentement</u>!

E. *Soyons logiques: Quel est le bon ordre des phrases?*

1. Ils lui demandent où est Gary.
2. Brad cherche le chef de sécurité.
3. François accompagne Jennifer et Sandra à l'hôtel.
4. Brad et Jennifer rencontrent Sandra.
5. Jennifer et Sandra vont à la rue du Trésor.

F. *Discutons, s.v.p.!*

1. Si j'ai un problème sérieux, je demande de l'aide.

G. *Pot-pourri:*

1. Pourquoi un grand hôtel a-t-il besoin d'un chef de sécurité?

10/*Une bonne nouvelle*

A. *Répondez par une phrase complète:*

1. Où est le voleur maintenant?
2. Qu'est-ce que François offre aux quatre amis?
3. Combien de jours est-ce qu'il leur reste à Québec?

B. *Vrai ou faux?*

1. Brad et Gary attendent François à la sortie.
2. Le voleur est parti tout seul.
3. La police arrive bientôt.
4. La patronne pense que François a beaucoup de talent.
5. Ils retournent ensemble à la rue du Trésor.

C. *Trouvez les mots qui manquent:*

1. Brad et Gary les attendent dans l'______.
2. Le voleur est parti, mais pas tout ______.
3. La ______ arrive bientôt.
4. Le voleur est dans le ______ du chef de ______.
5. La ville de Québec est pleine de ______.

D. *Trouvez l'infinitif qui correspond à chaque nom:*

1. l'attente
2. le choix
3. l'explication
4. une offre
5. le retour

E. *Soyons logiques: Quel est le bon ordre des mots?*

1. tu / elle / des peintures / apportes / veut / lui / que
2. moi / va / bien / pour / maintenant / tellement / tout
3. tu / que / talent / elle / beaucoup de / as / trouve

F. *Discutons, s.v.p.!*

1. La ville de Québec est pleine de surprises.

G. *Pot-pourri:*

1. Comment Brad et ses amis ont-ils changé la vie de François?
2. Quelles sont vos impressions sur la ville de Québec?

Lexique

agréable : pleasant
appartient : belongs
apporte : is carrying
appris (apprendre) : learned
ascenseur (m) : elevator
attendre : to wait
avance: en avance : early
avenir (m) : future
avis (m) : opinion
balustrade (f) : railing
bas: en bas : downstairs
basse : low
basse-ville (f) : lower town
bâti : built
café-terrasse (m) : sidewalk cafe
calèche (f) : horse-drawn carriage
chef (m) de sécurité : head of security
cher : expensive
chercher : to look for
cheval (m) : horse
choisir : to choose
choisissez : choose
choix (m) : choice
clef (f) : key
clients (m) : guests (in a hotel)
commande (f) : order
comprend : understands
congé (m) : time off
connu (connaître) : known
contient : contains
copain (m) : friend
coq au vin (m) : chicken with wine sauce
côté (m) : side
cour (f) : courtyard
courant: en courant : running
courir : to run
crois : think
débarque : disembark
debout : standing
déçu : disappointed
déjeuner (m) : breakfast
depuis : for
descend : gets out of
dessin (m) : drawing
devant : in front of
devons : must
dîner (m) : lunch
discutent : discuss
disparu (disparaître) : disappeared
distinguent : discern, notice
doivent : must
donne sur : overlooks
droit: tout droit : straight ahead
échappé : escaped
épuisé : exhausted
escalier (m) : stairway
espérons : hope
fâché : angry
faim (f) de loup : hungry as a bear
fèves (f) au lard : pork and beans
finir : to finish
finissent : finish
fleuve (m) : river
grandeur (f) : size
guette : is watching
haut: en haut : at the top; upstairs
heure: à l'heure : on time
inquiet : worried
jamais : ever
jettent un coup d'oeil : glance
jusqu'à : up to, as far as
là-bas : over there
lendemain (m) : following day
lentement : slowly
libre : free
lieu: a lieu : takes place
loge : is staying

loin : far
long: le long de : along
lorsque : when
loup (m) : wolf
lui : him
matinée (f) : morning
meilleur : better
se met : begins
musée (m) : museum
nouveau: de nouveau : once again
occupé : busy
paquet (m) : package, parcel
paresseux : lazy
parmi : among
patronne (f) : owner
pendant : during
perdu (perdre) : lost
piétons (m) : pedestrians
plein : full
porte (f) cochère : carriage entrance
portier (m) : doorman
poursuivent : pursue, chase
poursuivre : to pursue
prend : takes
préparatifs (m) : preparations
prêt : ready
prévenir : to warn
se promener : to go for a walk
puis : then
puis-je : may I
puisque : since
quand même : anyway, in any case
quelques : a few
ranger : to put (sth.) away
rattraper : to recapture, to recover
réception (f) : reception desk
recherché : sought-after
rejoindre : to meet (again)
remparts (m) : ramparts, city walls
rencontrent : meet
repas (m) : meal
retourner : to return
revient sur ses pas : retraces his steps
rez-de-chaussée (m) : ground floor
sait : knows
serveuse (f) : waitress
sortent en courant : run out of
sorti (sortir) : went out
sortie (f) : exit
souper (m) : supper
sous-sol (m) : basement
suffisant : enough
suis (suivre) : follow
surveiller : to watch over
tant : much, so
tarte (f) au sucre : sugar pie
tellement : so
tenez! : here!
tire : pulls
tort : wrong
tourtière (f) : meat pie
triste : sad
type (m) : fellow
valise (f) : suitcase
vaut : is worth
vendre : to sell
vers : towards
veston (m) : jacket
veulent : want
vient de : has just
vitesse: à toute vitesse : at full speed
vol (m) : theft
volé : stolen, stole
voler : to steal
voleur (m) : thief
voulu (vouloir) : wanted

NTC INTERMEDIATE FRENCH READING MATERIALS

Humor in French and English
French à la cartoon

High-Interest Readers
Suspense en Europe Series
- Mort à Paris
- Crime sur la Côte d'Azur
- Evasion en Suisse
- Aventure à Bordeaux
- Mystère à Amboise

Les Aventures canadiennes Series
- Poursuite à Québec
- Mystère à Toronto
- Danger dans les Rocheuses

Monsieur Maurice Mystery Series
- L'affaire des trois coupables
- L'affaire du cadavre vivant
- L'affaire des tableaux volés
- L'affaire québécoise
- L'affaire de la Comtesse enragée

Les Aventures de Pierre et de Bernard Series
- Le collier africain
- Le crâne volé
- Les contrebandiers
- Le trésor des pirates
- Le Grand Prix
- Les assassins du Nord

Intermediate Cultural History
Un coup d'oeil sur la France

Contemporary Culture in English
The French-Speaking World
Christmas in France
Focus on France
Focus on Belgium
Focus on Switzerland
Life in a French Town

Graded Readers
Petits contes sympathiques
Contes sympathiques

Adapted Classic Literature
Le bourgeois gentilhomme
Les trois mousquetaires
Le comte de Monte-Cristo
Candide ou l'optimisme
Colomba
Contes romanesques
Six contes de Maupassant
Pot-pourri de littérature française
Comédies célèbres
Cinq petites comédies
Trois comédies de Courteline
The Comedies of Molière
Le voyage de Monsieur Perrichon

Adventure Stories
Les aventures de Michel et de Julien
Le trident de Neptune
L'araignée
La vallée propre
La drôle d'équipe Series
- La drôle d'équipe
- Les pique-niqueurs
- L'invasion de la Normandie
- Joyeux Noël

Uncle Charles Series
- Allons à Paris!
- Allons en Bretagne!

Print Media Reader
Direct from France

NTC

For further information or a current catalog, write:
National Textbook Company
a division of *NTC Publishing Group*
4255 West Touhy Avenue
Lincolnwood, Illinois 60646-1975 U.S.A.